이경윤 글
대학에서 화학을 공부했고 대학원에서 문예창작을 공부했어요.
출판사에서 청소년 과학책 기획편집자로 일하다가 어린이 청소년 과학 작가가 되었어요.
그동안 쓴 책으로 한국과학창의재단의 '우수과학도서'로 선정된 『냉장고 속 화학』을 비롯해
『초3, 과학이 온다』, 『하루 화학』, 『가상에 쏙, 현실이 짠! 메타버스』,
『청소년을 위한 그린+뉴딜』 등 70여 권이 있습니다.

문보경 그림
책, 광고, 칼럼, 팬시 등 다양한 매체에 그림을 그리는 일러스트레이터입니다.
어린이들에게 꿈을 주는 유쾌하고 즐거운 그림을 오래도록 그리고 싶어 합니다.
그린 책으로 『우리 행성으로 이사 오세요』, 『나는 할머니 대장』, 『친할머니 외할머니』,
『시리아의 눈물』, 『친구야, 고백할 게 있어!』, '아인슈타인 과학 동화' 시리즈 등이 있습니다.

미래 에너지가
어떻게 세상을 바꿀까?

호기심 톡 스토리과학은 생활 속 가까이에 있는 과학을 흥미진진한 이야기에 담아 보여 줍니다.
이 시리즈는 어린이들의 호기심과 상상력을 키워 주고 과학 지식을 발견하는 재미를 느끼게 해 줍니다.

호기심 톡 스토리과학 – 미래에너지

미래 에너지가 어떻게 세상을 바꿀까?
지구를 구할 친환경 에너지의 모든 것

1판 1쇄 펴낸날 2024년 6월 30일
1판 3쇄 찍은날 2025년 7월 30일

글쓴이 이경윤 | 그린이 문보경 | 펴낸이 정종호 | 펴낸곳 (주)청어람미디어
편집 박예슬 | 마케팅 강유은·박유진 | 제작·관리 정수진 | 인쇄·제본 (주)성신미디어
등록 1998년 12월 8일 제22-1469호
주소 04045 서울특별시 마포구 양화로56(서교동, 동양한강트레벨) 1122호
전화 02-3143-4006~8 | 팩스 02-3143-4003 | 이메일 chungaram_media@naver.com

ⓒ 이경윤, 문보경 2024

ISBN 979-11-5871-252-5 74400
       979-11-5871-122-1 (세트)

잘못된 책은 구입하신 서점에서 바꾸어 드립니다. 값은 뒤표지에 있습니다.

품명: 아동도서 | 사용연령: 8세 이상 | 제조국명: 대한민국 | 제조년월: 2025년 7월 | 제조자명: 청어람미디어
주소: 04045 서울특별시 마포구 양화로56, 1122호 | 전화번호: 02-3143-4006
종이에 베이거나 긁히지 않도록 조심하세요. 책 모서리가 날카로우니 던지거나 떨어뜨리지 마세요.
KC마크는 이 제품이 공통안전기준에 적합하였음을 의미합니다.

호기심톡톡스토리과학 미래에너지

미래 에너지가 어떻게 세상을 바꿀까?
지구를 구할 친환경 에너지의 모든 것

글 이경윤 | 그림 문보경

청어람미디어

작가의 말

지구에 닥친 기후 위기,
미래를 위한 친환경 에너지가
필요해요!

예전에는 자고 일어나면 일기 예보를 봤지만, 요즘 우리는 일어나자마자 미세먼지 예보를 봐야 하는 시대를 살고 있어요. 미세먼지가 자주 발생해 골머리를 앓고 있기 때문이지요. 미세먼지는 우리가 숨 쉴 때 우리 몸으로 들어와 몸에 나쁜 질병을 일으킬 수 있기 때문에 매우 위험하답니다.
그리고 미세먼지보다 더 위험한 것은 우리가 살고 있는 지구의 온도가 점점 높아지고 있다는 사실이에요.
많은 과학자가 이대로 지구의 온도가 계속 높아진다면 지구가 멸망할지도 모른다는 무시무시한 이야기까지 하고 있어요!

이런 일들이 일어나는 이유는
지구가 환경 오염으로 병들었기
때문이에요. 그렇다면 병든 지구를
고칠 방법은 없을까요? 과학자들은 지금 우리가 사용하고
있는 에너지를 깨끗한 에너지로 바꾸면 가능하다고 말하고
있어요. 이 책에서는 바로 깨끗한 미래의 에너지에 관해
이야기할 거예요. 과연 어떤 에너지가 우리의 지구를 푸르게
바꾸는 마법을 부리게 될까요?

차례

작가의 말 4

1장 지구 멸망이 다가오고 있다?! 9
아빠가 들려주는 환경 뉴스 ❶ 17
환경을 오염시키는 골칫거리 1위, 비닐봉지

2장 미세먼지가 뒤덮은 하늘 19
아빠가 들려주는 환경 뉴스 ❷ 29
쓰레기 제로에 도전! 제로 웨이스트 챌린지

3장 기후 위기의 범인을 잡았다! 31
아빠가 들려주는 환경 뉴스 ❸ 39
이산화탄소를 줄이는 일본의 녹색 지붕 빌딩

4장 태양과 바람으로 만드는 에너지 41
아빠가 들려주는 환경 뉴스 ❹ 50
친환경 에너지만 사용하는 독일의 보봉 마을

5장 바다에서 만들어지는 에너지 53
아빠가 들려주는 환경 뉴스 ❺ 61
콩기름으로 만드는 친환경 잉크

6장 수소로 달리는 자동차 63
아빠가 들려주는 환경 뉴스 ❻ 71
똥으로 움직이는 영국의 특별한 버스

7장 미래 에너지가 어떻게 세상을 바꿀까? 73
아빠가 들려주는 환경 뉴스 ❼ 81
플라스틱을 줄이는 설거지 바, 설거지 비누

8장 깨끗한 지구를 만드는 일을 하고 싶어 83
아빠가 들려주는 환경 뉴스 ❽ 92
비타민으로 농작물의 균과 해충을 잡는다?

1장
지구 멸망이 다가오고 있다?!

누리는 아빠와 텔레비전을 보고 있었어요. 텔레비전에서는
북극곰이 마지막 남은 얼음 조각 위에서 아슬아슬하게
버티고 있는 장면이 나오고 있었어요.
아빠가 표정을 찡그리며 말했어요.
"북극의 얼음이 자꾸 녹으니 저런 일이 벌어지는 거야!"
누리가 고개를 갸우뚱했어요.
"북극의 얼음이 왜 녹아요?"
"지구의 온도가 점점 높아지고 있기 때문이지."
"헉, 지구의 온도가 왜 높아지는데요?"
"환경이 오염되어 공기가 탁해져서 그런 거야.

탁해진 공기는 지구로 들어온 따뜻한 햇볕의 열이 잘 나가지 못하도록 막아 버리거든."
"잘 이해가 되지 않아요."
"비닐하우스를 생각하면 돼. 비닐하우스 안에 들어가면 엄청 덥잖아? 비닐이 비닐하우스에 들어온 햇볕의 열을 잘 나가지 못하도록 막기 때문에 그런 거야. 마찬가지로 탁해진 지구의 공기도 비닐하우스의 비닐과 비슷한 역할을 하기 때문에 지구의 온도도 점점 높아지는 거지."

"아하! 그렇게 들으니 이해가 되네요."
이번에는 텔레비전에서 남극의 거대한 얼음덩어리인 빙하가 녹아내리는 장면이 나오고 있었어요. 누리가 눈을 번뜩이며 아빠에게 물었어요.
"아빠, 저것도 지구의 온도가 높아져서 생기는 거 맞죠?"
"오! 맞아. 역시 우리 누리는 똑똑하구나."
아빠가 뿌듯한 표정을 지어 보였어요. 하지만 얼굴이 이내 다시 찡그러졌어요.
"만약 이대로 지구의 온도가 계속 높아진다면 지구에 큰일이 일어나게 될 거야."
"어떤 큰일이요?"
"누리야, 잘 생각해 봐. 남극은 얼음덩어리인 대륙으로 이루어져 있어. 대륙이란 아시아나 유럽만큼 크고 넓은 땅을 말해. 그 넓은 얼음 대륙이 다 녹아 버리면 어떤 일이 일어날 것 같아?"
"얼음이 녹으면 물이 되는 거니까 바다에 물이 많아지겠죠."
"역시 우리 누린 똑똑해. 바다에 물이 많아지면 수면이 점점 높아지게 돼. 그러면 섬과 같은 해안 지방의 바다 수면도 점점 높아지게 되겠지."
"우아, 그럼 땅으로 바닷물이 들어오는 일도 있겠네요?"
"맞아. 땅에 바닷물이 들어오면 땅이 바다에 잠기는 일이 일어나게 되는 거야."

"그러면 바닷가에 사는 사람들이 위험해지는 거 아니에요?"
"당연하지. 바다 수면이 높아지는 문제 때문에 이미 위험을 겪고 있는 도시도 있어."
"정말요?"
"인도네시아의 수도 자카르타가 바로 그 주인공이야. 자카르타의 땅은 원래도 낮은 곳에 있었기 때문에 벌써부터 피해가 있는 거지. 해안가 지역은 이미 3미터 이상이나 바다 수면이 높아져 더 이상 살 수 없게 된 곳도 많아. 그래서 인도네시아는 만약을 대비해 수도를 다른 곳으로 옮기기로 결정했을 정도란다."
"헉, 이게 보통 문제가 아니네요."
"인도네시아뿐만 아니라 전 세계의 해안 지방도 안심할 수 없는 상태야. 이미 가라앉고 있는 섬도 생기고 있고…."
누리는 갑자기 등골이 오싹해지는 느낌이 들었어요.
"아빠, 우리가 살고 있는 곳은 괜찮겠죠?"
아빠가 고개를 가로저었어요.
"바닷가가 아닌 곳에 사는 사람들도 안심할 수는 없어. 물론 물 때문에 피해를 입진 않겠지만 다른 문제가 생길 수 있거든."
"네? 또 어떤 문제가 생기는데요?"
"많은 과학자들은 지구의 온도가 계속 높아지면 지구에 살고 있는 식물과 동물들이 사라지는 일이 생길 거라고 말한단다."

"지구의 식물과 동물이 사라진다고요? 왜 그런 일이 일어나는 거죠?"

"지금 지구에 살고 있는 식물과 동물들은 모두 현재의 온도에 맞게 살 수 있도록 되어 있어. 그래서 온도가 높아지면 더 이상 살 수 없게 되는 거지. 이런 일이 일어나면 더 많은 식물과 동물들이 사라지는 일로 이어지게 돼."

"왜요?"

"생각해 봐. 식물이 사라지면 그 식물을 먹고 살던 곤충이나 풀을 먹고 살던 동물들이 타격을 받게 돼. 이렇게 해서 곤충과 동물이 줄어들면 또 그 곤충이나 동물을 먹고 살던 동물들도 타격을 받게 되고…."

"아, 이제 알겠어요. 지구의 온도가 높아지면 엄청 무서운 일이 일어나겠네요."

"맞아. 결국 우리 사람에게도 영향을 주게 되어 더 이상 사람이 살 수 없게 되는 날이 올지도 몰라. 또 식물이 사라진 땅은 모두 사막처럼 되어버릴 거야. 그렇게 되면 지구는 더 이상 살기 힘든 곳이 될 수도 있고. 지구의 온도가 높아지는 현상은 이렇게 끔찍한 결과를 가져온단다."
누리는 순간 무서운 생각이 들어 몸을 바르르 떨었어요.

아빠가 들려주는 환경 뉴스 ❶

환경을 오염시키는 골칫거리 1위, 비닐봉지

가정에서 나오는 쓰레기 중 가장 많은 것은 무엇일까요? 그중 하나가 바로 비닐 포장지 쓰레기예요. 왜냐하면 마트에서 사오는 대부분의 제품이 비닐로 포장되어 있기 때문이지요. 우리는 식재료나 생활용품 등을 주로 마트에서 사오기 때문에 며칠만 지나도 비닐 쓰레기는 쌓이게 됩니다.

비닐은 석유 화학 원료로 만들기 때문에 친환경 제품이 아니에요. 게다가 비닐은 분해가 되지 않아서 자연에 버려진 비닐은 환경을 오염시키지요. 그래서 요즘에는 비닐을 재활용 쓰레기로 분류하여 버리도록 하고 있어요. 하지만 재활용 쓰레기로 모은 비닐 중에는 재활용하지 못하고 버려야 하는 것도 많기 때문에 문제가 되고 있답니다.

이런 가운데 자연에서 빠르게 분해되는 친환경 비닐이 나와 주목받고 있어요. 일반적인 비닐은 분해되는 데 수십 년에서 길게는 수백 년이 걸린다고 해요. 하지만 친환경 비닐은 생분해 천연 재료를 사용하여 만들기 때문에 적당한 조건에서 빠르면 몇 십일 만에 분해되거나, 길어봤자 몇 달 안에 분해될 수 있다고 해요. 그러니 우리도 이제부터 친환경 비닐을 쓰기 위해 노력해야겠죠?

2장
미세먼지가 뒤덮은 하늘

오늘은 누리가 아빠와 시골 할아버지 댁에 놀러가는
날이에요. 할아버지 댁은 누리네 집에서 두 시간 거리에
있어요. 시골집 앞에는 산이 있고 주변에 개울물이 흘러
경치가 아주 좋은 곳이에요. 누리는 이 개울물에서
할아버지와 함께 물고기를 잡곤 했었어요. 누리는
할아버지와 물고기를 잡을 생각에 절로 신이 나 아빠에게
빨리 가자고 졸랐어요.
그런데 집 밖을 나오자마자 아빠가 인상을 찌푸렸어요.
"이게 뭐야? 온 세상이 다 뿌옇잖아. 오늘 미세먼지 농도가
아주 높은가 봐."
아빠는 다급히 마스크를 쓰고 누리에게도 단단히 마스크를
쓰라고 시켰어요. 얼마나 미세먼지 농도가 높은지 바로 앞에

있는 산도 아예 보이지 않았어요. 게다가 도시의 건물들도 온통 뿌연 게 마치 죽음의 도시 같아 보였어요.
누리는 이 광경을 보자 들떴던 기분이 금세 안 좋아졌어요.
"에이, 놀러가는 날 이게 뭐람."
누리가 투덜거리자 아빠도 심각한 표정을 지어 보였어요.
"휴, 미세먼지가 이 정도라니 정말 걱정이다. 공기 좋은 곳으로 이사를 가든지 해야지. 어서 할아버지 댁으로 가자꾸나."

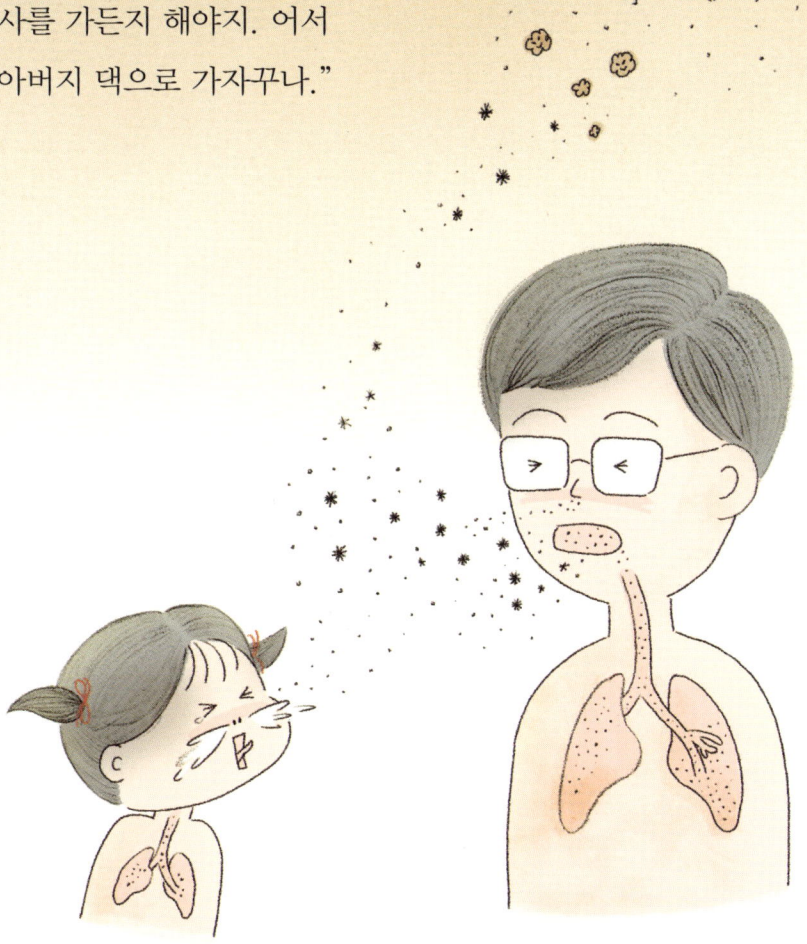

누리와 아빠는 차를 달려 시골집으로 왔어요. 그런데 이게 무슨 일이죠? 시골도 미세먼지로 가득 차 있지 뭐예요. 그 모습을 보며 아빠는 고개를 절레절레 저었어요.

"시골에는 차도 없는데 왜 이리 미세먼지가 많은 거예요?"

"미세먼지는 바람을 타고 흐르기 때문이란다."

아빠가 휴대폰으로 검색하더니 말을 이었어요.

"오늘은 전국에 미세먼지가 다 퍼진 날이라는구나. 그래서 이 시골까지 미세먼지가 기승을 부리는 거야."

그래도 누리는 잘 이해가 되지 않았어요.

"미세먼지는 왜 생기는 거예요?"

아빠가 턱을 한 번 매만지고는 말을 이었어요.

"먼저 미세먼지가 무엇인지부터 알아야 해. 미세먼지란 빛을 비추면 눈에 보이는 일반 먼지와 달리 사람의 눈에 보이지 않을 정도로 아주 가늘고 작은 먼지를 말해. 이렇게 크기가 아주 작기 때문에 숨을 들이마실 때 우리 몸으로 들어올 수도 있어."

"뭐라고요? 먼지가 우리 몸으로 들어온다고요?"

"그렇단다. 그래서 미세먼지가 있는 날은 반드시 마스크를 써야 해."

"아, 그래서 마스크를 쓰는 거구나."

"이런 미세먼지는 자동차나 집의 보일러 등에 사용하는 연료를 태울 때 발생해. 지금 우리가 쓰는 연료는 석유나

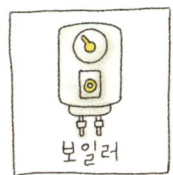

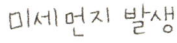

석탄 등을 사용하는데 이러한 연료를 '화석 연료'라고 불러. 오래된 화석에서 이 연료들이 만들어지기 때문에 붙여진 이름이지. 어쨌든 화석 연료를 태우면 미세먼지가 발생하게 되는 거야."
"그럼 미세먼지는 자동차와 보일러 때문에 생기는 거네요?"
"맞아, 그뿐만 아니라 우리가 쓰는 전기도 발전소에서 화석 연료를 태워 만들기도 하기 때문에 전기도 미세먼지를 만들어 낸다고 볼 수 있지."
"헉, 전기까지요? 저도 어제 컴퓨터 게임할 때 전기를 썼는데…. 괜히 미안하네요."

"아빠도 자동차를 많이 타니까 마찬가지야. 우리 모두가 미세먼지를 만들어 내고 있는 주범인 셈이지."

시골집에 도착하자 할아버지가 누리를 반겨주었어요. 할아버지는 요즘 시골에도 미세먼지가 날아와 살기 힘들어졌다고 했어요.
그래도 물고기를 잡고 싶어 하는 누리를 위해 함께 마스크를 쓰고 물가로 나갔어요. 할아버지는 족대로 물고기를 척척 잡아냈어요. 그때마다 누리는 "야호!" 하고 소리 지르며 기뻐했어요.
할아버지는 누리와 아빠에게도 물고기를 잡아 보라고 했어요. 누리가 족대를 잡고 아빠가 물고기를 몰았어요. 누리가 조심스럽게 족대를 들어 올리자 무려 세 마리나 되는 물고기가 잡혔어요. 누리는 너무 좋아서 폴짝폴짝 뛰었어요.
"우리 누리가 좋아하니 할아버지도 기분이 좋구나."
누리는 오후 늦게까지 물고기를 스무 마리나 넘게 잡았어요. 이제 집으로 돌아가려는데 다시 미세먼지가 잔뜩 낀 들판이 보여서 기분이 가라앉았어요.
"미세먼지는 중국에서 날아오는 것도 꽤 많아. 우리나라의 미세먼지는 여기서 생긴 것보다 중국에서 날아오는 것이 더 많을 정도란다."
"헉, 그럼 우리 시골에 온 미세먼지가 중국에서 온 것일 수도

있겠네요."
"충분히 가능성이 있지."
"하루 빨리 미세먼지 없는 세상에 살고 싶어요."
"그러려면 자동차도 타지 말아야 하고 전기도 쓰지 말아야 하는데 괜찮겠니?"
"그건 좀 곤란해요. 난 다른 건 안 해도 되는데 컴퓨터 게임은 꼭 해야 하거든요."
아빠와 할아버지는 누리를 보며 "하하하" 웃어 보였어요.

쓰레기 제로에 도전!
제로 웨이스트 챌린지

코로나19 때문에 집으로 배달되는 음식과 물건이 많아지면서 발생되는 쓰레기의 양이 어마어마하게 늘어났다고 해요. 이러한 쓰레기는 환경을 오염시키는 원인이 되기에 큰 문제가 되고 있어요. 제로 웨이스트 챌린지는 바로 이 쓰레기 때문에 생겨난 운동이에요. 이름 그대로 웨이스트(쓰레기)를 제로(0)로 만들자는 뜻이지요. 제로 웨이스트 챌린지는 미국과 유럽 등에서 시작해 우리나라까지 들어와 활발한 운동으로 이어지고 있어요. 그 내용을 살펴보면 다음과 같은 것들이 있어요.

- 일회용 컵 대신 텀블러 사용하기
- 일회용 비닐봉지 대신 장바구니 사용하기
- 일회용 용기 대신 개인 용기에 음식 포장하기
- 옷 수선하여 입기

이 외에도 쓰레기를 줄일 수 있는 것은 무엇이든 해당돼요. 제로 웨이스트 챌린지를 실천했다면 이제 증명할 수 있는 사진을 찍어 SNS 등에 올려 보세요. 그러면 여러분도 제로 웨이스트 챌린지에 참가한 것이 된답니다. 간단하지요? 오늘부터 바로 실천해 보세요!

3장
기후 위기의 범인을 잡았다!

아직 5월 중순인데도 마치 한여름처럼 더운 날이었어요.
누리가 집에서 숙제를 하다가 참지 못하고 아빠에게
말했어요.
"아빠, 너무 더워요. 에어컨 틀어 주시면 안 돼요?"
"지금 5월인데 에어컨을 틀자고? 조금만 참아."
하지만 누리는 도저히 참기 힘들다며 연신 부채를 흔들어
댔어요. 그 모습을 지켜보던 아빠는 누리가 안쓰러워
보였는지 아이스크림을 사 왔어요.
"와! 우리 아빠 최고!"
누리는 시원하게 아이스크림을 먹으며 말했어요.
"그런데 5월인데 왜 이렇게 더워요?"
"이게 다 지구의 온도가 높아지는 현상 때문이겠지."

"근데 지구의 온도가 높아지는 현상은 무엇 때문에 생기는 거예요?"

"지난주에 할아버지 댁 가면서 화석 연료에 대해 이야기했던 거 기억나니?"

"물론이죠. 화석 연료에서 미세먼지가 나온다고 했잖아요."

"역시 우리 누리! 사실 화석 연료에서는 지구의 온도를 높이는 물질도 나온단다."

"네? 그럴 리가요. 그렇다면 이렇게 오랫동안 화석 연료를 사용했을 리가 없잖아요."

"그게 참 부끄러운 일이지. 처음에는 모르고 사용했을 테지만, 나중에는 알고도 사용했으니까."

"알고도 사용했다는 말이 무슨 말이에요?"

"화석 연료가 지구의 온도를 높이고 환경을 오염시킨다는 사실을 알게 되었을 때는 이미 모든 장치를 화석 연료 위주로 해 놓았기 때문에 바꿀 수가 없었던 거지. 만약 이 시스템을 바꾸려면 엄청난 돈이 들어가기 때문이야."

"아, 이해가 되는 것 같아요. 그런데 지구의 온도를 높이는 화석 연료 물질이 뭐예요?"

"흠, 좋은 질문이다. 그런데 아이스크림이 녹고 있네! 마저 먹고 다시 이야기하자꾸나."

누리는 아이스크림이 떨어지지 않게 재빨리 핥아먹었어요. 그사이 아빠가 보드판을 준비해 왔어요.

"누리의 질문에 대답을 해 주려면 보드판이 필요하단다."
아빠는 왼손으로는 아이스크림을 먹으면서 오른손으로는 보드판에 어떤 공식을 써나가기 시작했어요. 공식은 다음과 같았어요.

휘발유 + 공기 — 연소(태우는 것) → 물 + 이산화탄소 + 기타 물질

아이스크림을 다 먹은 누리가 보드판을 보며 아빠에게 물었어요.
"이게 무슨 공식이에요?"
"자동차의 연료로 쓰이는 휘발유가 차의 엔진에서 일으키는 반응식을 쓴 거야. 엔진에 휘발유를 넣고 불꽃을 붙이면 공기 중의 산소와 격렬히 반응하면서 폭발을 일으켜. 이 힘으로 자동차가 달릴 수 있게 되는 거지."
"와! 그렇군요."
"이 반응으로 물과 이산화탄소, 그리고 기타 물질들이

발생하는데 기타 물질들도 문제지만 특히 이때 나오는 이산화탄소가 가장 큰 문제란다."
"그게 왜 문제가 되는 거죠?"
"바로 이 이산화탄소가 지구의 온도를 높이는 주범이기 때문이지."
"네? 이산화탄소가요?"
"응, 지구의 온도를 높이는 역할을 하는 기체를 온실가스라고 해. 전에 아빠가 탁해진 공기가 비닐하우스의 비닐과 같은 역할을 해서 지구의 온도가 높아진다고 말한 적 있지?"
"네, 기억나요."
"이 온실가스가 바로 그 비닐과 같은 역할을 하는 탁해진 기체란다. 이러한 온실가스에는 여러 가지 기체가 있는데 그중에 하나가 바로 이산화탄소야. 그리고 여러 온실가스 중에서도 이산화탄소가 지구의 온도를 높이는 데 가장 큰 영향을 주고 있는 것으로 밝혀졌단다."
"아하, 그래서 화석 연료 때문에 지구의 온도가 높아진다고 했던 거군요."
"맞아. 바로 그거란다."
이번에는 아빠가 아이스크림을 다 먹은 후 다시 말을 이어갔어요.
"화석 연료의 문제는 또 있어."
"네? 그게 뭔데요?"

"화석 연료는 매장되어 있는 양이 정해져 있어. 그렇기 때문에 만약 화석 연료를 다 쓰고 나면 그땐 더 이상 연료가 없어져 큰일 나게 돼. 자동차도 못 타고 보일러도 못 틀게 되는 거야"

"컴퓨터 게임도 못 하는 거예요?"

"물론이지."

"그건 상상도 하기 싫어요! 빨리 대책을 세워야 할 것 같아요!"

"하하, 걱정하지 마. 과학자들이 이미 그런 사실을 알고 화석 연료를 대체할 에너지들을 개발하고 있으니까 말이야. 대표적으로 태양광 에너지, 풍력 에너지, 수소 에너지가 있단다."
"정말요? 휴, 다행이네요!"

아빠가 들려주는 환경 뉴스 ❸

이산화탄소를 줄이는
일본의 녹색 지붕 빌딩

지구의 온도가 높아지는 가장 큰 원인은 이산화탄소예요. 우리가 이산화탄소를 줄여야 지구의 온도가 높아지는 것을 막을 수 있지요. 식물은 이산화탄소를 흡수하고 산소를 배출하는 기능을 해요. 따라서 식물을 많이 키우면 이산화탄소를 줄일 수 있어요.

이런 생각에서 등장한 것이 '녹색 지붕 빌딩'이에요. 녹색 지붕 빌딩은 빌딩의 옥상 지붕을 완전히 정원으로 꾸민 빌딩을 말하는데요, 일본의 후쿠오카에 이런 녹색 지붕 빌딩이 만들어졌어요. 이런 건물을 '아크로스 빌딩'이라고 불러요.

식물은 여러 오염 물질을 흡수하고 대신 산소를 내뿜어 공기를 쾌적하게 만들어 줘요. 공기가 좋지 않은 도시에 녹색 지붕 빌딩이 많이 만들어지면 도시의 공기도 점차 깨끗해질 수 있을 거예요. 녹색 지붕 빌딩은 전 세계적으로 퍼져 나가고 있고, 우리나라에도 점점 더 많이 만들어지고 있답니다.

4장
태양과 바람으로 만드는 에너지

누리네 집 옥상은 태양광 판 설치 공사가 한창이에요. 아빠가 조금 들뜬 표정으로 지켜보고 있어요. 학교를 마치고 돌아온 누리가 이 광경을 보고 아빠에게 물었어요.
"이게 뭐 하는 거예요?"
"이제부터 우리 집도 친환경 에너지를 쓰기 위해서 태양광 판을 설치하고 있는 거야."
"태양광 판이요?"
"응, 태양광 패널이라고도 하는데 이걸 설치하면 이제 우리 집은 화석 연료 대신 태양 에너지를 쓰게 되는 거지."
"와! 신기하다. 그런데 태양 에너지가 뭐예요?"
"화석 연료가 석유를 태울 때 나오는 열을 에너지로 이용하는 것처럼 태양에서는 빛이 나오잖아. 그 빛을 전기로 바꿔서

에너지로 사용할 수 있거든. 그걸 태양 에너지라고 해."
"아하, 그렇군요. 그런데 태양 에너지는 괜찮은 거예요? 화석 연료처럼 환경을 오염시키지는 않는 거예요?"
"그럼. 일단 태양 에너지는 화석 연료처럼 다 써버려서 없어질 걱정은 하지 않아도 되잖아."
"음, 맞아요. 태양이 없어지지는 않을 테니까요."
"또 태양 에너지는 환경을 오염시키는 물질을 하나도 배출하지 않아."

"우와, 최고네요! 어떻게 그럴 수가 있죠?"
"그건 태양광 판이 빛 에너지를 전기 에너지로 바꾸는 데에 그 비밀이 숨겨져 있지."
"빨리 알고 싶어요!"

아빠가 서재로 가더니 사진 몇 장과 보드판을 가져왔어요. 아빠가 누리에게 보여 준 첫 번째 사진은 다음과 같아요.

"이 사람이 누군지 아니?"
"쳇, 아빠가 과학잔데…. 이 정도는 나도 알아요. 아인슈타인이잖아요."

"역시 똑똑한 우리 딸! 맞아, 아인슈타인이 바로 이 '원리'를 발견했기 때문에 노벨상을 받았단다."
다음으로 아빠가 보여 준 그림은 아래와 같았어요.
"이게 무슨 그림이에요?"

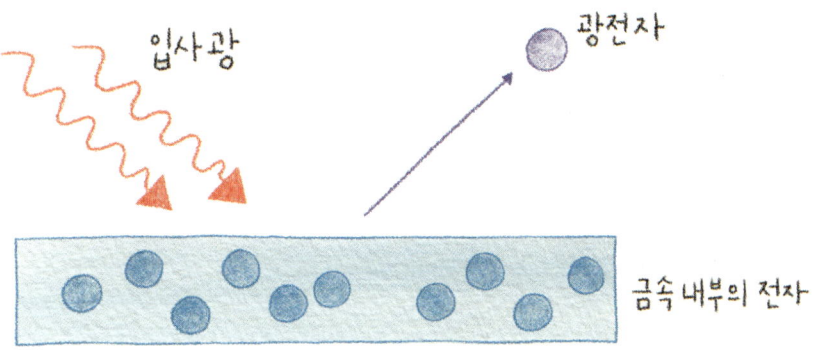

"이건 금속에 빛을 쬐어 주었을 때 금속에 있던 전자가 튀어나오는 모습이야. 전기가 생긴다는 건 전자가 흐른다는 뜻과 같아. 즉, 이 원리를 이용해 빛을 전기로 바꿀 수 있다는 사실을 알게 된 거지."
"와, 과학자들은 정말 대단한 것 같아요."
"하나 더 알아야 할 것이 있어. 태양광 판은 반도체로 이루어져 있다는 사실이야."
"반도체요?"

"그래, 반도체란 전기를 잘 흐르게 하는 물질과 잘 흐르지 않게 하는 물질의 중간 정도의 성질을 가진 물질을 말해. 이런 반도체는 전기를 잘 조절할 수 있는 성질이 있기 때문에 많이 사용되고 있어. 컴퓨터, 스마트폰뿐만 아니라 우리가 사용하는 거의 모든 전자 제품에 반도체가 들어 있지."

"오, 그렇군요."

"이 반도체로 이루어진 태양광 판에 태양 빛을 쬐면 전기가 만들어지게 되는 거야. 그런 점에서 태양광 판을 '태양 전지'라고도 불러. 태양 에너지는 이런 원리로 전기를 만들기 때문에 아무 오염 물질도 만들지 않게 된단다."

"역시 우리 아빠 최고! 이제 완벽하게 이해됐어요."

그사이 태양광 판 공사가 끝났어요.

"이제 우리 집은 친환경 에너지를 쓰는 집이 되었구나!"

아빠가 흥분하며 말했어요.

"오늘 기분이 좋으니 아빠랑 미래 에너지 여행을 가는 게 어때?"

"미래 에너지 여행이 뭔지 모르지만 여행 가는 건 무조건 좋아요!"

누리는 아빠와 함께 신나게 고속도로를 달렸어요. 이윽고 도착한 곳에 커다란 바람개비 같은 것이 돌고 있었어요.

"아빠, 저게 뭐예요?"

"하하, 저건 풍력 발전기란다. 풍력 발전기도 태양광 판처럼 친환경 에너지를 만들어 내지."

"저게 어떻게 에너지를 만들죠?"

"저 안에 발전기가 설치돼 있거든. 발전기란 각종 힘을 전기로 바꿔 주는 장치를 말해. 바람이 불면 저 커다란 바람개비가 돌아갈 거잖아. 그 바람개비가 돌아가는 힘을 발전기가 전기로 바꿔 주기 때문에 풍력 발전기에서 전기가 만들어지는 거야."

"와, 그럼 저것도 오염을 일으키는 물질을 전혀 만들지 않겠네요."

"물론이지. 앞으로 미래의 에너지는 저런 에너지로 바뀌게 될 거야. 하하하."

아빠가 들려주는 환경 뉴스 4

친환경 에너지만 사용하는 독일의 보봉 마을

친환경 마을이 있다면 어떤 모습일까요? 일단 환경 오염을 일으키는 화석 연료는 절대 사용하지 않을 거예요. 그렇다고 전기를 쓰지 않을 수는 없으니 마을을 움직이는 모든 연료는 친환경 연료를 사용해야 하겠지요. 독일에 실제로 이런 마을이 생겼어요. 바로 '보봉 마을' 이에요.

보봉 마을 사람들은 마을을 개발할 때부터 친환경 연료만 사용하기로 결정했어요. 그래서 보봉 마을에 있는 모든 집의 지붕에는 태양광 판이 설치되어 있어요. 일반적으로 지붕의 태양광 판으로 만들어 내는 전기만으로는 집에서 쓰는 전기를 모두 만들 수는 없어요. 보봉 마을은 이 문제를 해결하기 위해 문과 벽의 두께를 두껍게 하고 단열재를 사용해 만들어서 새어 나가는 열이 없도록 하였어요. 창문도 3중으로 만들었지요.

덕분에 보봉 마을은 태양광 판에서 만들어 내는 전기만으로도 생활할 수 있게 되었어요. 뿐만 아니라 남는 전기도 생겨서 이걸 팔아 마을을 위해 사용할 수도 있게 되었지요. 앞으로 이런 친환경 마을이 점점 많아지면 정말 좋겠지요?

5장
바다에서 만들어지는 에너지

누리가 아빠와 함께 도착한 곳은 바로 멋진 바다였어요. 누리 앞에 탁 트인 파란 바다가 펼쳐졌어요. 누리는 바다의 맑은 공기를 마음껏 들이마셨어요. 바다는 끝없이 펼쳐져 있고 그 끝에는 아름다운 수평선이 그려져 있었어요.
"누리야, 이 멋진 바다에서도 친환경 에너지를 얻을 수 있단다."
"정말요?"
아빠는 누리를 데리고 근처에 있는 미래 에너지 해양 과학관으로 갔어요. 아빠는 미래 에너지 연구소에서 일하고 있기 때문에 이곳에 자주 온다고 해요. 미래 에너지 해양 과학관은 아주 멋지게 지어져 있었어요.

"바다에서 어떻게 친환경 에너지를 얻을 수 있는지 궁금해요."

누리는 눈빛을 반짝이며 전시관 안으로 들어갔어요. 가장 먼저 보이는 것은 '조력 발전'이었어요.

아빠가 누리에게 찬찬히 설명해 주기 시작했어요.

"조력 발전이란 밀물과 썰물을 이용하여 전기를 얻는 것을 말한단다. 밀물은 바닷물이 들어오는 것을 말하고 썰물은 바닷물이 빠져나가는 것을 말하지. 이때 바닷물이 움직이게 되잖아. 이 힘을 이용해서 프로펠러가 움직이도록 만들면 발전기를 통해 전기를 만들어 낼 수 있게 되지. 이런 원리로 전기를 만들어 내는 발전소를 조력 발전소라고 한단다."

"와, 그렇군요."

"놀라운 건 우리나라에 세계 최대의 조력 발전소가 있다는 사실이야."

"진짜요?"

"우리나라 서해안은 밀물과 썰물의 높이차가 세계에서도 크기로 유명하단다. 그래서 시화호라는 곳에 '시화호 조력 발전소'가 만들어졌는데 세계에서 가장 큰 조력 발전소라고 하는구나."

"와! 대단하네요."

"바다에서 만들어지는 친환경 에너지는 또 있단다."

누리는 아빠와 함께 '파력 발전'이 전시된 곳으로 갔어요.

"바다에는 항상 파도가 치고 있잖아."
"맞아요. 아까도 바다에서 파도가 치는 모습을 봤어요."
"그 파도의 힘을 이용하여 전기를 만들어 내는 것을 파력 발전이라고 해. 우리나라에는 제주도에 파력 발전소가 건설되어 있어."
"예전에 제주도 놀러갔을 때 파도가 엄청 치던 모습이 생각나요."
"바다에서 만들어 내는 친환경 에너지는 또 있단다. 바로 '조류 발전'이야."
아빠는 조류 발전이 전시된 곳으로 누리를 데려갔어요.

"우리는 바다가 강처럼 흐르지 않을 거라고 생각하지만 사실 바다도 강물처럼 일정한 방향을 향해 흐르고 있어. 그걸 조류라고 하는데, 이 조류의 힘을 이용하여 프로펠러를 돌리고 발전기를 이용하여 전기를 만들어 내는 것을 조류 발전이라고 한단다."

"와, 갑자기 바다가 무척 고마운 존재 같아요. 바다에서 정말 많은 친환경 에너지가 만들어지고 있잖아요."

"하하, 우리 누리가 바다에 고마워하니 아빠도 바다가 고맙다는 생각이 드는구나. 참, 바다에 대해 또 한 가지 알아야 할 게 있어."

"그게 뭔데요?"

"바다에는 육지보다 엄청 센 바람이 불고 있잖아."

"그런 것 같아요."

"그래서 이 바다 위에 풍력 발전소를 만들면 훨씬 많은 전기를 만들어 낼 수 있단다. 그래서 바다 위에 대규모 해상 풍력 발전소를 만들기도 해."

아빠는 해상 풍력 발전소가 전시된 곳으로 누리를 데려갔어요. 해상 풍력 발전소 중에는 바다에 떠 있는 것도 있었어요.

"와, 신기하다! 저건 바다에 떠 있는 발전소네요."

"사실 해상 풍력 발전소를 설치할 때 가장 어려운 것은 풍력 발전기를 바다의 바닥에 고정하는 거야. 아주 깊은

바다에서는 무척 어려울 수 있지."
"그렇겠네요."
"그렇지만 저렇게 바다에 떠 있는 풍력 발전기를 만들면 그만큼 건설하기가 쉬워져."
"아하, 그래서 바다에 떠 있는 풍력 발전소도 있는 거네요."
"맞아, 저런 풍력 발전기를 부유식 풍력 발전기라고 부른단다."
"오호, 재밌어요!"

 아빠가 들려주는 환경 뉴스 ❺

콩기름으로 만드는 친환경 잉크

친환경 바람은 인쇄 업계에도 불어닥쳤어요. 사실 인쇄에 사용되는 잉크는 환경 오염의 주범인 화석 연료가 주원료로 사용되거든요. 그러니 인쇄를 할 때마다 지구의 온도를 높이는 일을 하고 있다고 볼 수 있어요. 생각해 보세요. 서점에 쌓인 그 엄청난 책들이 환경 오염을 일으키고 있다면 대책이 필요하겠지요?

그래서 나온 것이 친환경 잉크예요. 친환경 잉크는 화석 연료 대신 천연물을 사용하여 만드는 잉크를 말해요. 그중에는 우리가 집에서 부침개를 만들어 먹을 때 사용하는 콩기름 잉크도 있어요. 콩기름이 어떻게 잉크를 만들 수 있을까요?

잉크는 색소를 기름에 녹여 만들어요. 따라서 콩기름 잉크는 콩기름에 색소를 녹여 만들 수 있어요. 물론 이때 색소도 천연 색소를 쓰면 환경에 더욱 도움이 되겠지요.

이렇게 만들어진 콩기름 잉크는 기존의 석유 화학 잉크보다 종이와 분리하기도 쉬워요. 콩기름 자체가 쉽게 분해되는 성질이 있기 때문이에요. 따라서 나중에 재활용할 때도 큰 도움이 되지요!

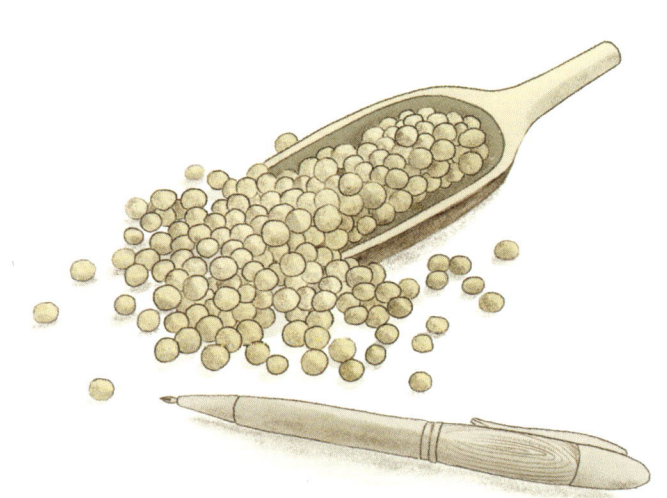

6장
수소로 달리는 자동차

누리가 아빠와 함께 집으로 돌아오는 길이었어요. 도로에 차가 얼마나 많은지 길이 꽉 막혀 차가 아예 앞으로 나아가질 못했어요.
"으으, 차가 너무 많네요."
"어휴, 이 많은 차가 안 좋은 가스를 뿜어대니 지구가 병들 수밖에 없지."
"맞아요. 저 많은 차들을 보니 화석 연료 때문에 지구의 온도가 높아진다는 게 다시 이해가 돼요."

꽉 막힌 곳을 지나니 조금 길이 뚫렸어요. 아빠의 차는 겨우 시내로 들어서게 되었어요. 바로 그때였어요. 아빠의 차 앞에 버스 한 대가 가고 있는데 '친환경 수소 버스'라고 적혀 있는 거예요.
"아빠 저건 뭐예요? 차 중에 친환경 차도 있는 거예요?"
"우리가 운이 매우 좋구나. 서울 시내에서 수소 전기차를 보다니! 저건 친환경 에너지인 수소를 연료로 해서 가는 차야."
"수소가 뭔데 친환경 연료가 되는 거예요?"
"수소는 지구에 있는 기체 중에 가장 가벼운 기체야. 누리는 기체가 뭔지 알지?"

"물론이죠. 산소나 수증기 같이 하늘에 떠다니는 거잖아요."
"그런데 수소에 불을 붙이면 꽝 하고 폭발하는 성질이 있어."
"와, 신기하다!"
"수소에 불이 붙는 현상은 수소가 산소와 만나 반응을
일으키기 때문이야."
"그럼 수소는 환경을 오염시키는 물질이 나오지 않는
거예요?"
"물론이지. 수소가 산소와 반응하고 나면 물밖에 나오지
않아."
"네? 물이요?"
어느새 아빠의 차가 집에 도착했어요.
누리와 아빠는 샤워를 한 후 시원한 물 한 잔을 마셨어요.
잠시 후, 아빠가 보드판을 꺼내 왔어요.
"누리야, 아까 수소가 반응하고 나면 물밖에 나오지 않는다고

했었잖아. 왜 그렇게 되는지 설명해 줄게."
아빠는 보드판에 다음과 같은 공식을 적었어요.

$$수소(H_2) + 산소(O_2) \dashrightarrow 물(H_2O)$$

"이 식을 잘 보면 이해가 될 거야. 수소는 기호로 'H'라고 쓰고 산소는 'O'라고 써. 기호 아래에 있는 2는 두 개가 결합되어 있다는 뜻이야. 물은 H 두 개와 O 하나가 결합된 모습을 하고 있어. 즉, 수소(H_2)와 산소(O_2)가 만나면 물(H_2O) 외에는 아무것도 생기지 않게 되지. 물은 깨끗한 거니까 수소는 그야말로 친환경 에너지라고 할 수 있는 거야."
"아하, 그렇네요. 그런데 수소는 어디에서 얻을 수 있는 거죠?"
"아주 좋은 질문이야. 사실 우리 주변에서 수소를 만나기란 쉽지 않지. 하지만 물에서 수소를 얻을 수 있어. 물은 수소 두 개와 산소 하나가 결합된 모습을 하고 있다고 했었잖아.

여기에 있는 수소를 뽑아내면 얻을 수 있단다."
"어떻게 뽑아내죠?"
아빠는 누리에게 사진 한 장을 보여 주었어요. 사진에는 물에 전기를 가하는 모습이 나타나 있었어요.

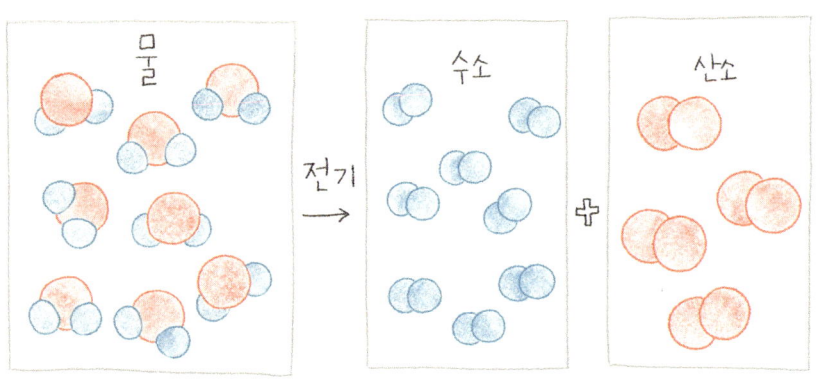

"물에 전기를 가하면 각 전극에서 기체가 생겨난단다. 바로 물을 이루고 있는 수소와 산소가 분리되어 나오는 현상이지."
"와! 그럼 물만 있으면 수소는 얼마든지 얻을 수 있는 거네요."
"맞아. 하지만 이렇게 수소를 얻으려면 전기를 가해줘야 하는 문제가 생기지. 그래서 나온 게 수소 연료 전지라는 거야."
"수소 연료 전지요? 그건 또 뭐예요?"
"수소를 넣어 주기만 하면 전기가 만들어지는 장치야. 수소 차에는 바로 이 수소 연료 전지가 설치되어 있어.

이 전지에서 나오는 전기의 힘으로 차가 가게 되는 거야."
"그런데 수소는 어떻게 넣어 줘야 해요?"
"예리한 질문이네. 그래서 수소 충전소라는 게 생겼어. 아직 많지는 않지만 전국에 274기(2023년 기준)가 설치되어 있어. 서울에도 상암동 등에 설치되어 있고."
"제법 많네요. 난 아직 한 번도 본 적이 없는데…."
"하하, 아빤 미래 에너지 일을 하니까 자주 보게 돼. 이렇게 수소 차들은 수소 충전소에 가서 수소를 넣어줘야 한단다. 그러면 수소가 수소 연료 전지로 들어가서 전기가 만들어지게 되는 거야."
"이제 수소 차에 대해 좀 알겠어요. 그럼 우리나라에 수소 차는 얼마나 있어요?"

"현재(2023년 12월 30일 기준) 3만 대가 넘는다고 하는구나."
"와! 3만 대면 꽤 많네요."
"하지만 전체 차 중에서는 아직 많이 부족한 상태야. 더 많은 사람이 수소 차를 타야만 환경 보호에 도움이 되겠지."
"그런 날이 빨리 왔으면 좋겠어요."
"그래, 아빠가 그 일을 맡아서 하고 있으니 더 많이 노력해 볼게."

 **아빠가 들려주는 환경 뉴스 ❻**

똥으로 움직이는 영국의 특별한 버스

2021년 11월, 영국에 이상한 버스가 나타났어요. 왜냐하면 버스의 벽면에 화장실에서 볼일을 보는 사람들이 그려져 있었기 때문이에요. 이 버스의 이름은 '바이오 버스'라고 해요.

많은 사람이 타는 버스에서 화장실 일을 보다니요! 지금까지 우리는 이런 버스를 본 적이 없어요. 그런데 영국은 왜 이런 버스를 만든 것일까요? 사실 똥에서는 '메탄가스'라는 것이 나와요. 이 메탄가스는 불이 잘 붙기 때문에 경유처럼 버스의 연료로 사용할 수 있어요. 사람 다섯 명의 1년 치 똥만 있으면 무려 300킬로미터를 달릴 수 있다고 해요.

그리고 이 연료를 사용하면 지구의 온도를 높이는 이산화탄소를 경유보다 훨씬 덜 나오게 할 수 있다고 해요. 뿐만 아니라 공기를 오염시키는 물질도 훨씬 덜 나오고, 무엇보다 경유에 비해 미세먼지를 거의 발생시키지 않는 이점이 있답니다. 그러니 이 '똥 버스'는 친환경 버스라고 해야 되겠지요!

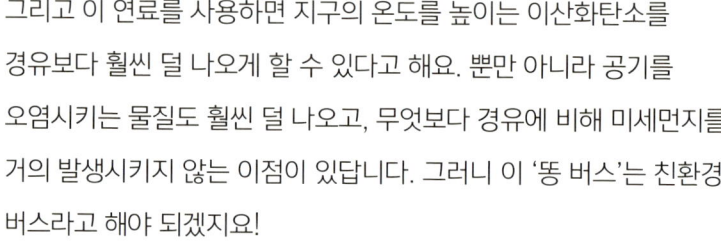

7장
미래 에너지가 어떻게 세상을 바꿀까?

아빠와 누리가 신나게 도로를 달리고 있어요. 이윽고 도착한 곳은 서울이 훤히 내려다보이는 남산이에요. 누리는 아빠와 함께 케이블카를 탔어요. 누리는 높은 곳을 떠다니는 기분에 처음엔 조금 무서웠지만 이내 신이 났어요.

케이블카는 남산타워 꼭대기까지 올라갔어요. 살짝 흔들리는 느낌이 들어 누리가 깜짝 놀랐어요.

"하하, 이곳은 바람결에 따라 움직이도록 설계돼 있으니 걱정 안 해도 된단다."

남산타워에서는 서울이 한눈에 다 보였어요.

"와! 너무 멋져요."

"맞아, 서울은 아름다운 곳이지."

"이 아름다운 서울을 오염시키면 안 되겠다는 생각이 들어요."

"우리 누리 마음이 참 곱구나. 만약 모든 것이 우리가 알아봤던 친환경 에너지로 바뀐다면 어떤 세상이 만들어질 것 같아?"
"깨끗한 지구가 될 것 같아요. 지구의 온도도 높아지지 않을 거고요!"

"맞아, 그런 세상이 그려져 있는 곳이 있는데 같이 가 볼래?"
"정말요? 너무 궁금해요."

누리는 아빠를 따라 어딘가로 갔어요. 그곳은 '미래 에너지 과학관'이라고 적힌 곳이었어요.
"이제 우리 누리는 미래 에너지를 사용하게 될 때 어떤 일이 벌어지는지 보게 될 거야. 생각해 봐. 태양광과 풍력 등 자연 에너지는 자연에 무한하게 있기 때문에 에너지가 사라질 걱정을 할 필요가 없겠지? 또 에너지가 만들어질 때 오염 물질을 전혀 만들지 않기 때문에 환경 오염 걱정도 할 필요가

없어질 테고."
아빠가 말하는 사이 태양광 자동차가 나타났어요. 태양광 자동차는 자동차 지붕이 온통 태양광 판으로 설치된 차였어요.
"태양광 자동차는 도로를 달리다가 연료가 떨어져도 걱정할 필요가 없어. 태양빛만 있으면 다시 충전이 가능하니까. 더욱 놀라운 것은 뭔지 알아? 바로 연료비가 '0'이라는 사실이야."
"와! 그럼 돈이 엄청 절약되겠네요."

다음으로 아름다운 지구의 모습이 펼쳐진 그림이 나타났어요. 지금보다 훨씬 맑고 푸른 지구의 모습이었어요.
"이제 온갖 오염 물질로 몸살을 앓았던 하늘이 맑고 깨끗해질 거야. 더 이상 지구의 온도는 높아지지 않고 이전의 온도로 돌아가기 때문에 북극과 남극은 다시 옛 모습을 되찾아 아름다운 얼음으로 뒤덮일 거고. 바다의 높이도 낮아져서 그동안 가라앉았던 섬들이 다시 모습을 드러내 보일 거야. 무엇보다 미세먼지가 모습을 감추어 매일매일 맑고 깨끗한 도시의 모습과 산과 들의 자연을 볼 수 있게 될 거야."
"우와…. 생각만 해도 기분이 좋아져요!"

다음으로는 자연 속에서 편안하게 쉬고 있는 사람들의 모습이 보였어요. 어느 한 사람도 웃지 않는 사람이 없었어요.

"사람들이 모두 행복해 보여요."

"그렇지. 왜 사람들이 모두 행복해 보일까?"

"그건 환경이 깨끗해졌기 때문이 아닐까요."

"물론 그런 영향도 있지만 사람들의 생각이 많이 달라졌기 때문이야."

"생각이 달라져요?"

"그래, 그동안은 자기가 다른 사람을 이겨야 잘 살 수 있다고 생각하며 살아왔었어. 그걸 경쟁이라고 해. 사람들이 경쟁에서 이기려고 하는 이유는 그래야 자신이 더 높은 자리에 가고 돈도 더 많이 벌 수 있기 때문이지.

지금까지 사람들은 이걸 위해 살아왔어. 그러다 보니 환경이 오염되는 줄도 몰랐고. 하지만 미래의 친환경 시대에는 사람들의 생각도 달라질 거야."

"어떻게요?"

"친환경 시대가 되면 사람들은 자연의 아름다움과 고마움을 더욱 친근하게 느끼게 될 거야. 아름다움을 되찾은 자연을 보며 그 속에서의 행복을 더욱 많이 추구하게 될 거고. 경쟁 사회에서 사람들은 욕심을 많이 부리게 되지만, 자연 속에서 사람들은 욕심을 덜 부리게 된단다. 행복이 무조건 돈에만 있는 것이 아니라는 걸 알게 되고 자연 속에서도 행복을 찾을 수 있다는 것을 깨닫게 되는 거지. 이렇게 사람들의 생각이 바뀌면 이제 더 좋은 집과 자동차를 갖기보다 동네에 숲을 가꾸고 집에도 작은 정원을 가꾸는 일이 더 많아질 거야."

아빠의 말을 들으며 누리는 눈을 지그시 감았어요. 마치 아빠가 말하는 세상이 눈에 보이는 것 같았기 때문이에요.

"아빠, 빨리 그런 세상이 왔으면 좋겠어요."

"그러기 위해서는 당장 우리부터 환경을 더럽히지 않도록 노력해야 해."

"알겠어요, 아빠."

누리는 집으로 돌아오는 길에 당장 컴퓨터 게임하는 시간부터 줄여야겠다는 생각을 했어요.

아빠가 들려주는 환경 뉴스 ❶

플라스틱을 줄이는
설거지 바, 설거지 비누

우리 부엌의 싱크대에서도 환경을 오염시키고 있다는 사실을 알고 있나요? 싱크대에서 사용하는 주방 세제는 플라스틱 통에 담겨 있어요. 이 플라스틱 통은 석유를 원료로 만들어지고 다 쓴 후에는 분해가 되지 않기 때문에 환경을 오염시켜요. 뿐만 아니라 주방 세제 역시 환경을 오염시키는 물질이 많이 들어 있어 하수구로 흘러나갈 경우 강물을 오염시키게 돼요.

이러한 문제를 해결하기 위해 친환경 설거지 바와 설거지 비누가 만들어졌어요. 설거지 비누는 주방 세제를 대신하여 나온 거고 설거지 바는 플라스틱 통의 사용을 없애기 위해 나온 거예요. 설거지 비누는 천연 재료로 만들어지기 때문에 환경을 더럽히지 않아요.

또 설거지 바는 나무나 금속으로 만들어져 계속해서 사용할 수 있기 때문에 환경에 무해하답니다. 이제 우리 부엌의 싱크대에서도 친환경 설거지 바와 설거지 비누를 사용해보는 게 어떨까요?

8장
깨끗한 지구를 만드는 일을 하고 싶어

아빠가 처음으로 태양광에서 나오는 전기를 사용하여 전기냄비로 요리를 했어요. 메뉴는 누리가 가장 좋아하는 떡볶이예요.
"와, 떡볶이가 너무 맛있어요! 친환경 에너지로 만들어서 그런지 깨끗한 맛도 나는 것 같아요."
누리가 떡볶이를 맛있게 먹자 아빠도 기분이 좋아졌어요.
"누리는 나중에 커서 어떤 일을 하고 싶어?"
"아빠처럼 친환경 에너지를 만드는 일을 하고 싶어요."
"오, 그래?"
아빠는 서재로 가서 여러 가지 자료들을 가지고 나왔어요.
"좋아, 오늘은 아빠가 누리에게 미래 에너지와 관련된 직업으로는 어떤 것들이 있는지 알려줄게."

"와, 정말요?"

누리의 눈빛이 반짝거렸어요.

"앞으로 친환경과 관련된 직업이 인기가 많아질 거야. 미국의 어느 연구에 의하면 만약 우리나라가 2050년까지 전체 에너지를 친환경 미래 에너지로 바꿀 경우, 144만 개 이상의 일자리가 생겨날 거라고 했어."

"우와! 144만 개나요?"

"만약 144만 개의 일자리가 생겨나면 지금 있는 직업들 중에 많은 직업이 사라지게 된다는 뜻이기도 하지."

"그럼 친환경 에너지와 관련된 직업을 준비하면 좋겠네요."
"물론이지."
"그럼 친환경 에너지 관련 직업에는 어떤 것들이 있어요?"
"여러 가지가 있는데 오늘은 아빠가 그중에서 떠오르는
직업에 대해 알려줄게."
아빠가 서재에서 가지고 나온 자료를 보여주었어요.
첫 번째로 보여준 직업은 다음과 같았어요.
"직업 이름이 좀 어려워요."
"하하, 그럴 거야. 아빠가 쉽게 설명해 줄게.

오염부지 정화연구원

'오염부지 정화연구원'은 오염된 곳을 조사한 후 이곳을 어떻게 깨끗하게 할지 연구해서 알려주고 함께 깨끗하게 하는 일을 하는 사람이야."

"와, 멋진 직업이네요."

"그리고 '탄소배출권 거래중개인'은 탄소배출권을 부동산 중개인처럼 사고파는 일을 도와주는 사람이야. 탄소배출권이란 유엔에서 온실가스 배출을 줄이기 위해 만든 제도란다. 만약 어떤 기업이 정해진 온실가스보다 더 많은 양을 배출할 경우 탄소배출권을 사야 하고, 더 적게 배출할 경우 탄소배출권을 팔 수 있는 권한이 생기는 제도라고 생각하면 돼. 탄소배출권 거래중개인은 이러한 탄소배출권을 거래하는 일을 하는 거지."

다음으로 아빠가 보여준 직업은 '제품환경 컨설턴트'와 '에코제품 디자이너'였어요.

"제품환경 컨설턴트는 어떤 제품을 만들어 낼 때 그 제품에 친환경적인 부분이 들어가도록 도움을 주는 일을 하는 직업이란다."

"어떻게 그런 일을 할 수 있죠?"

"예를 들면 비누를 만든다고 했을 때 비누의 재료에 천연 재료가 들어가게 하는 것도 제품환경 컨설턴트가 하는 일이라 할 수 있지."

"아하, 그런 거구나!"

"다음으로 에코제품 디자이너는 친환경 제품을 만든다고
했을 때 그 제품의 친환경적 특성에 맞게 디자인하는
직업이란다."
"와, 이 직업이 마음에 들어요. 난 그림 그리기를
좋아하니까요."
"오호, 그렇구나. 에코제품 디자이너가 되려면 자연과 더욱
친해지면 좋단다."
"네, 알겠어요!"
다음으로는 '그린스마트도시 전문가'와 '환경교육 강사'를
소개해 줬어요.
"그린스마트도시 전문가는 친환경과 최첨단 스마트 기술을
가지고 도시의 여러 문제를 해결하는 일을 하는 직업이란다.
이 직업을 갖기 위해선 친환경에 대해서도 잘 알아야 하지만
최첨단 스마트 기술에 대해서도 잘 알고 있어야 하겠지."
"음, 그러려면 공부를 많이 해야 할 것 같아요."
"맞아. 다음으로 환경교육 강사는 친환경과 관련된 주제로
여러 직장이나 단체를 다니면서 강의를 하는 직업이야.
강의하는 것을 좋아하는 사람에게는 괜찮은 직업이라 할 수
있지."
"이것도 공부를 많이 해야 할 수 있는 직업인 것 같아요."
"우리 누리는 이런 직업에는 관심이 없니?"
"아뇨, 공부를 많이 하는 게 부담되긴 하지만 저는 다른

사람을 돕는 일을 좋아하니까 맞을 것 같기도 해요."

"멋진 생각이다. 앞으로 아빠가 많이 도와줄 테니 꿈을 키워 나가도록 하렴."

"네. 대신 아빠가 많이 도와주셔야 해요."

"꼭 약속하마. 마지막으로 친환경 기술과 관련된 직업도 있으니 알려 줄게."

"기술이요?"

"그래. 기술은 주로 자격증 같은 것을 따면 가질 수 있는 직업이란다. 이런 직업에는 폐기물처리 기술사, 토양환경 기술사, 수질관리 기술사, 소음진동 기술사 등의 직업이 있어. 각 직업의 이름에 어떤 일을 하는지 대강 나와 있으니 어렵지는 않지?"

"네, 폐기물처리 기술사는 쓰레기와 관련된 일을 할 것 같고, 토양환경 기술사는 오염된 땅과 관련된 일을 할 것 같아요. 또 수질관리 기술사는 오염된 물과 관련된 일을, 소음진동 기술사는 시끄러운 소리와 관련된 일을 하는 거지요?"

"우아, 완벽해! 맞아. 이런 직업을 가지려면 관련된 자격증을 따면 된단다."

"어떤 직업을 가지든 공부를 해야 할 수 있겠군요."

"하하하, 그렇지."

아빠가 들려주는 환경 뉴스 ❽

비타민으로 농작물의 균과 해충을 잡는다?

농작물을 키울 때 가장 큰 적이 무엇인지 알고 있나요? 바로 균이나 해충에 의해 식물이 병드는 거예요. 그래서 농약이 나왔고 덕분에 병들지 않은 농작물을 대량으로 얻을 수 있게 되었어요.

하지만 농약이 환경을 오염시킨다는 사실이 밝혀져 큰 충격에 휩싸이게 되었어요. 농약에는 중금속도 들어 있어 이것을 잘못 먹을 경우 큰 병에 걸릴 수도 있어요. 하지만 농약 없이는 농작물을 키울 수 없기 때문에 지금도 할 수 없이 농약을 사용하고 있는 상황이에요.

그러던 중 친환경 비타민 농약이 등장해 주목받고 있어요. 서울대학교 연구원들은 비타민이 식물의 병을 일으키는 균을 막아낸다는 중요한 사실을 발견했어요. 하지만 비타민의 가격이 일반 농약에 비해 비싸기 때문에 일반 농가에서 사용하려면 시간이 걸린다고 해요.

이 외에도 농약의 성분을 화학물질이 아닌 천연에서 얻어 활용하는 농약이 개발되었어요. 이것을 '생물 농약'이라고 불러요. 생물 농약은 천연에서 원료를 얻기 때문에 환경을 해치는 성분이 들어 있지 않아요. 따라서 환경에 피해를 주지 않고 농작물을 병충해 없이 키울 수 있답니다.